ZAUBERHAFTE KATZEN

Ihr magisches Wesen, ihre rätselhaften Kräfte

Roni Jay

Illustriert von

Lorraine Harrison

Leib & Seele

ISBN 3-906715-10-8
Printed and bound in Singapore

INHALT

ZUR EINFÜHRUNG

Als gezähmtes Haustier taucht die Katze erstmals im alten Ägypten auf, vor gut dreitausend Jahren. Seit dieser Zeit wird »die kleine Löwin« auf der ganzen Welt vergöttert, aber auch gefürchtet. Sie wanderte von Nordafrika über Europa nach Asien, später nach Amerika und in den Pazifischen Raum – und viele der altägyptischen Mythen und Weisheiten begleiteten sie auf ihrem Weg in die Welt. Katzen spielen in den verschiedensten mystischen, religiösen und magischen Weltbildern der letzten Jahrtausende eine besondere Rolle. Dieses Buch lüftet einige der faszinierenden Geheimnisse, die unser liebstes Haustier von alters her umgeben.

Wie entstand die einzigartige Beziehung zwischen Mensch und Katze? Ursprünglich wurden Katzen nur zum Schutz der Nahrungsvorräte gebraucht. Der Mensch wollte die Mäuse und Ratten fernhalten, und die Katzen waren ihm dabei gern behilflich. Selbst die Pharaonen scheuten sich nicht, ihre hochgeachteten Katzen zum Schutz der Kornkammern einzusetzen.

Aber weshalb haben die Menschen schon immer so große Achtung vor Katzen gehabt? Die alten Ägypter verehrten sie sogar als göttliche Wesen!

Ein Grund dafür ist sicher, daß Katzen ihrer natürlichen, wilden Lebensweise treuer geblieben sind als die meisten anderen Haustiere. Die vielen verwilderten Katzen beweisen,

daß Katzen sich jederzeit von uns lösen und ohne uns überleben können. Sie brauchen uns nicht wirklich – und wohl deshalb fühlen wir uns so geehrt, wenn sie uns ihre Zuneigung schenken.

Katzen haben auf den Menschen eine wohltuende, ja sogar therapeutische Wirkung. Eine wissenschaftliche Erklärung dafür steht noch aus, aber die Forschung hat klar gezeigt, daß beim Streicheln einer Katze der menschliche Blutdruck sinkt und Streßsymptome schwächer werden. Natürlich kannten die klugen Ägypter schon diese positiven Wirkungen der Katze, auch ohne wissenschaftlichen Nachweis.

Unsere Beziehung zu Katzen hat viel mit unserem gemeinsamen Bedürfnis nach Berührung zu tun. Wir streicheln und kraulen sie, sie schmiegen sich an und schnurren um unsere Beine. Katzen können für uns genauso wichtig werden wie gute Freunde.

DIE KATZE IN DER SCHÖPFUNGSGESCHICHTE

Dem hebräischen Volksglauben nach gab es vor der Sintflut auf der Erde keine Katzen. Als jedoch alle Tiere in der Arche angelangt waren, befürchtete Noah, der Löwe könnte den anderen Geschöpfen gefährlich werden. Er bat Gott um Hilfe und wurde erhört – der Löwe fiel in einen tiefen Schlaf. Aber damit entstand ein neues Problem: die Ratten vermehrten sich übermäßig und begannen, die Essensvorräte zu vernichten. In seiner Not bat Noah Gott nochmals um Hilfe, und dieser befahl ihm, dem Löwen einen Schlag auf die Nase zu versetzen. Der Löwe mußte niesen, und aus seinen Nüstern fielen die ersten beiden Katzen auf die Erde. Die Ratten mußten sich fortan in acht nehmen.

Einer anderen Geschichte zufolge soll die Katze das Ergebnis eines himmlischen Wettstreites um die Erschaffung des vollkommensten Tieres sein. Zuerst versuchte die Sonne, alle Götter zu beeindrucken und erschuf den Löwen. Der Mond neidete der Sonne den Beifall und erschuf seinerseits eine Katze. Als sie aber die kleinere Katze sahen, brachen die Götter in Gelächter aus. Sie hielten sie für eine armselige Nachahmung des Löwen. Um den Mond zu

verspotten, dachte sich die Sonne nun die erste Maus aus. Der Mond gab aber nicht auf, er schuf den Affen – und heimste sich damit nur noch lauteres Lachen ein. Da wurde der Mond sehr zornig und verfluchte die Tiere, einander zu hassen. Seitdem können sich weder Löwe und Affe noch Katze und Maus leiden.

DAS GESCHÖPF DES TEUFELS

Das Christentum ersetzte den Gegensatz von »Sonne und Mond« durch »Gut und Böse«. Als Gottes gute Schöpfung galt der Hund, während die Katze die schlechte Schöpfung des Teufels war. Einem mittelalterlichen Glauben zufolge erschuf der Teufel die Katze aus Versehen. Er wollte eigentlich einen Menschen schaffen, aber es gelang ihm nur eine haarlose Katze. Petrus war es, der Mitleid mit dieser armen Kreatur empfand und ihr ein Fell gab.

Die Schamanen in der Mongolei glauben, daß Gott Mann und Frau aus einem Lehmklumpen formte und dann mit einem Fell umhüllte. Um sie zum Leben zu erwecken, mußte er Wasser aus der ewigen Quelle holen. Hund und Katze sollten solange Wache halten. Der Teufel lenkte sie jedoch mit Fleischstückchen und Milch ab und urinierte dann auf die beiden Lehmmenschen. Das erzürnte Gott sehr und er zwang die Katze, das verdorbene Fell der Menschen bis auf die Haut abzulecken. Nur das Haupthaar, das sauber geblieben war, sollten Mann und Frau behalten. Schließlich blieben auch noch ein paar behaarte Stellen übrig, die die Katze nicht so gut mit ihrer Zunge erreichen konnte. Dann erweckte Gott Mann und Frau mit dem heiligen Wasser zum Leben. Unsterblich konnten sie nun aber nicht mehr werden.

SO SIND KATZEN WIRKLICH

Weshalb haben gerade Katzen so viel Stoff für mystischen und magischen Glauben geliefert? Katzen besitzen viele Fähigkeiten und Eigenschaften, die wir Menschen nur schwer nachvollziehen können und sie deshalb entweder dunklen oder göttlichen Mächten zuschreiben.

Eine beachtliche Fähigkeit der Katze ist sicher, daß sie immer auf ihre Pfoten fällt. Neunzig Prozent aller Katzen, die von einem Hochhaus fallen, überleben diesen gefährlichen Sturz. Das ergab kürzlich eine wissenschaftliche Untersuchung.

Einer Legende nach wollte der Prophet Mohammed einmal ausgehen und fand seine Lieblingskatze Muezza schlafend auf seinem Mantel liegen. Um sie nicht zu stören, schnitt er den Kragen ab und nahm den Rest des Mantels mit sich. Bei seiner Heimkehr verneigte sich Muezza dankbar vor ihm. Mohammed war tief gerührt, und zum Dank schenkte er allen Katzen die Fähigkeit, auf ihren Pfoten zu landen, wenn sie springen oder fallen.

Auf der ganzen Welt gelten Katzen bis auf den heutigen Tag als Symbol der Fruchtbarkeit. Und enorm fruchtbar sind sie tatsächlich; eine Katze kann ihr ganzes Leben lang zwei- oder dreimal im Jahr werfen. Alle Säugetiere müssen natürlich für Nachwuchs sorgen, aber Katzen scheinen dies besonders gern und ungeniert zu tun.

Obwohl Katzen echte Haustiere sind, sind sie erstaunlich unabhängig, bisweilen sogar einzelgängerisch. Ihre Bindung an Orte ist oft viel stärker als die Bindung an »ihre« Menschen. Katzen verzichten eher auf menschliche Gesellschaft als auf ihr angestammtes Revier. Ihre selbstgenügsame Unabhängigkeit verleiht der Katze eine gewisse Würde und nötigt uns Bewunderung ab.

DIE SINNE DER KATZE

Katzen sind echte Nachtschwärmer. Mit ihren Augen sehen sie selbst in der tiefsten Dunkelheit besser als wir in der Dämmerung. Ihre Vorliebe fürs nächtliche Umherstreunen hat ihnen stets eine geheimnisvolle Aura verliehen. Wir bringen die Katze mit dem Unbewußten, mit der dunkleren Seite der Natur in Verbindung.

Katzen besitzen außerdem ein ausgezeichnetes Gehör. Damit nehmen sie Geräusche wahr, die weit außerhalb der menschlichen Hörfähigkeit liegen. Nicht selten hat man ihnen deshalb übernatürliche Fähigkeiten zugeschrieben, einen »sechsten Sinn«. So scheinen Katzen ein Gewitter vorausahnen zu können. Tatsächlich ist es so, daß sie bereits die ersten Luftschwingungen eines Sturmes – mit Frequenzen weit außerhalb der menschlichen Wahrnehmungsfähigkeit – akustisch wahrnehmen. Ihr hochempfindliches Gehör verleiht der Katze auch die Fähigkeit, die Schritte eines ganz bestimmten Menschen und viele andere Geräusche genau zu unterscheiden.

KATZEN UND INTELLIGENZ

Zweifellos sind Katzen intelligente Tiere. Sie lernen nicht nur durch Nachahmung, sie besitzen auch die Fähigkeit zum logischen Denken. Wenn sie eine Lösung gefunden haben, übertragen sie diese auch auf andere, ähnliche Situationen.

Trotz ihrer Intelligenz sind Katzen keine allzu begeisterten Schüler – es sei denn, etwas springt dabei für sie heraus. Im Gegensatz zu Hunden kann man Katzen kaum erziehen. Bestrafungen führen zu nichts, allenfalls Belohnungen scheinen einen gewissen Lernanreiz zu bieten. Allerdings ist dabei Nahrung die einzige Belohnungsmethode, auf die Katzen überhaupt reagieren. In vielen Fällen besorgt sich eine Katze ihr Futter lieber selbst, als daß sie sich vom Menschen versorgen läßt. Der englische Dichter Geoffrey Chaucer hat das schon im 14. Jahrhundert erkannt:

So nähre deine Katz' mit frischer Milch
Und zartem Fleisch, und mache ihr ein Bett aus reinster Seide,
Und dann laß eine Maus vorüberhuschen;
Die Katz' wird alle Leckereien liegenlassen
und Milch und Fleisch und alles in dem Haus,
So groß ist ihr Begehr' nach einer Maus.

Ihre angeborene Intelligenz, ihre außerordentliche Geschicklichkeit und ihre Ausdauer beim Jagen hat Katzen mancherorts in den Ruf gebracht, verschlagene Tiere zu sein. Für genau dieselben Eigenschaften werden sie von manchen Völkern vergöttert, von anderen verteufelt.

MIT DEN AUGEN EINER KATZE

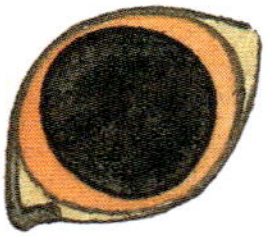

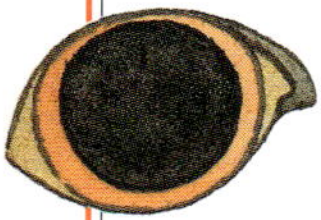

Die Römer glaubten, daß die Augen der Katze – und sogar ihr ganzer Körper – sich je nach der jeweiligen Mondphase veränderten. So schrieb Plutarch: »Man kann ganz sicher sein, daß ihre Pupillen bei Vollmond rund und strahlend sind und allmählich, mit dem abnehmenden Mond, schmal und glanzlos werden.«

Tatsächlich besitzen Katzen eine reflektierende Zellschicht direkt hinter ihrer Netzhaut. Damit erklärt sich ihre ausgezeichnete Nachtsicht, denn noch der geringste Lichtstrahl spiegelt sich in dieser Schicht. Daher stammt auch das nächtliche Leuchten in den Katzenaugen. Ihre Pupillen weiten sich bei schwachem Licht so stark und verkleinern sich bei hellem Licht so sehr, daß man tatsächlich glauben könnte, sie veränderten sich parallel zu den Mondphasen. Mancherorts wurde sogar angenommen, daß Katzenpupillen den genauen Stand von Ebbe und Flut angeben.

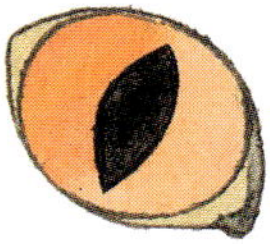

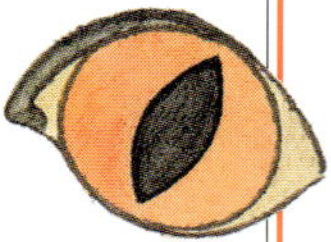

Im letzten Jahrhundert fragte ein französischer Missionar in China einige Dorfkinder nach der Uhrzeit. Prompt holten sie eine Katze herbei, prüften ihre Augen und teilten dem Missionar schließlich mit, es sei noch immer Vormittag.

Die Ägypter glaubten, daß in der Nacht die Sonne aus den Augen der Katze leuchte.

Den Menschen des Mittelalters schien der Glanz der Katzenaugen von teuflischer Herkunft zu sein: »Der Glanz ihrer Augen in der Nacht (ist) kaum erträglich.«

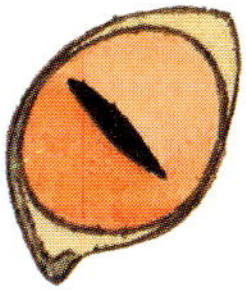

DIE AUGENSTEINE DER KATZE

Im Mittelalter hat man vielen Tieren Halbedelsteine zugeordnet. So gibt es auch einen Katzenaugen-Stein. Er besteht aus fein geädertem Quarz mit olivgrünen Einschlüssen. Wird er geschnitten, gerundet und poliert, so sieht er aus wie ein irisierendes, glänzendes Auge.

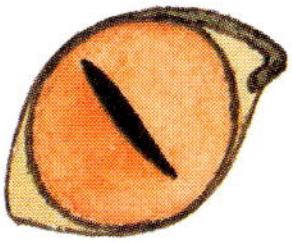

Um diesen Stein ranken sich viele Geschichten. Im Mittelalter wurde er als Amulett zum Schutz gegen böse Mächte getragen. Die Araber nahmen an, daß der Katzenaugen-Stein sie in der Schlacht unsichtbar machte. Und mancherorts ließen Männer, die eine längere Zeit von zu Hause fort waren, ihre Frauen Milch trinken, in die ein solcher Stein getaucht worden war. Dadurch sollte, dem Aberglauben nach, eine untreue Ehefrau zumindest nicht schwanger werden können.

DIE KATZE UND IHRE SYMBOLE

Seit über dreieinhalbtausend Jahren leben Menschen und Katzen miteinander, und genauso lange gelten Katzen bereits als Symbole für die verschiedensten Dinge. Beispielsweise verkörpern Katzen – früher so wie heute – das Streben nach Freiheit. Der entsprechende Charakterzug findet sich auch noch bei den Hauskatzen des 20. Jahrhunderts.

DAS UNBEWUSSTE

Katzen wurden weit häufiger mit dem Unbewußten als mit dem Bewußtsein in Verbindung gebracht, mit dem Mond eher als mit der Sonne und auch mit Ying eher als mit Yang. Die Ägypter glaubten, die katzenköpfige Göttin Bastet sei der Mond und somit das linke Auge des Himmelsgottes Horus, mit dem er nachts über die Welt wachte. Sein rechtes Auge, die Sonne, schlief derweil. Unser linkes Auge und die gesamte linke Seite unseres Körpers werden von der rechten, intuitiven und schöpferischen Seite unseres Gehirns gesteuert.

FRUCHTBARKEIT

Die Fruchtbarkeit der Katzen ist legendär. Zum einen vermehren sie sich wirklich enorm schnell, zum anderen scheinen die Veränderungen ihrer Augen mit den wechselnden Mondphasen in Verbindung zu stehen – und damit auch mit dem weiblichen Menstruationszyklus, der bei den Frauen früherer Zeiten fast immer parallel zu den Mondphasen verlief.

Am faszinierendsten ist aber die ägyptische Hieroglyphe für Geburt, genannt »Ru«: sie gleicht einem Katzenauge und stellt eine Öffnung dar – den Geburtskanal oder auch den Weg von der geistigen (mondbestimmten) in die körperliche Sphäre. Katzen sind hier eindeutig mit dem Geburtsvorgang verknüpft.

Die Hieroglyphe findet sich auch oben auf dem Tau-Kreuz, das als Symbol für das irdische Leben steht. Daraus entsteht das »Ankh«, eine uralte Kreuzform, die zum Sinnbild für Leben und Unsterblichkeit wurde. Dieses archetypische Ankh-Zeichen wurde schließlich zum Symbol der Venus und somit der Frau. Es hat heute noch Gültigkeit.

FREIHEITSLIEBE

Ihre natürliche Unabhängigkeit und die nie ganz abgelegte Wildheit ließen die Katze bei den Römern und später in der Wappenkunde zum Symbol der Freiheit werden. Zu verschiedenen Zeiten war die Katze das Wahrzeichen der Vandalen, der Sueven, der Niederländer und anderer Völker. Die Holländer hatten so lange um ihre Unabhängigkeit und Freiheit gekämpft, daß sie sich mit der Freiheitsliebe der Katze identifizierten und die Katze zu ihrem Wappentier erkoren.

Die Göttin Artemis war das griechische Gegenstück zur ägyptischen Katzengöttin Bastet. Artemis stand für Freiheit, Wildheit, Natur und Jagdinstinkt – alles ausgesprochene Katzeneigenschaften. Die Römer machten aus Artemis ihre freiheitsliebende Jagdgöttin Diana. Diese wurde oft mit einer Katze, die zu ihren Füßen lag, dargestellt.

WACHSAMKEIT

Die Mondgöttin Bastet blickte mit ihrem Katzenkopf unbewegt Nacht für Nacht vom Himmel herab – genauso ausdauernd wie alle Katzen, wenn sie regungslos eine Maus oder einen Vogel betrachten. Katzen sind beharrlich und wachsam.

RÄTSELHAFTIGKEIT

Ihr Jagdinstinkt, ihre Neugierde und ihre Findigkeit haben der Katze in der ganzen Welt den Ruf eines geheimnisvollen Wesens verliehen. In Äsops Fabeln ist die Katze der Schwindler, und im Märchen vom »Gestiefelten Kater« verhilft der Kater seinem Meister mit Tricks und Finten zu Ruhm und Reichtum. Auch heutzutage kursieren Gerüchte um streunende, angeblich fast menschengroße Katzen – passend zur uralten Vorstellung von der rätselhaften Natur der Katze.

EWIGKEIT

Ein Kreis hat keinen Anfang und kein Ende und galt deshalb schon immer als Symbol für Ewigkeit. Im Zen-Buddhismus bedeutet der Kreis Erleuchtung. Einheit und Vollkommenheit entstehen durch Balance – dies besagt das kreisförmige chinesische Ying-Yang-Symbol. Katzen dienen mitunter als Sinnbild für die Ewigkeit, weil sie sich im Schlaf oft kreisförmig zusammenrollen.

KATZ' UND MAUS

Wenn Katzen auf Gemälden oder anderen Bildern dargestellt sind, dann sehen wir sie zumeist beim Mäusejagen. Dieses Motiv haben die Künstler sicher der Natur abgeschaut, es diente ihnen aber auch als Symbol für Sterblichkeit: Die Maus steht für die menschliche Seele, die Katze für den Tod, der plötzlich und unerwartet oder als Folge eines tödlichen Spiels eintreten kann. In einigen Ländern Europas wurden Mäuse als die Seelen Verstorbener betrachtet und dementsprechend gefüttert.

DIE KATZE IN DER WERBUNG

In der modernen Werbung verkörpern Katzen eine Liebe zum angenehmen Leben, die sehr wohl ihrem Charakter entspricht: Katzen tauchen auf, wenn es um Sinnlichkeit und Luxus geht. Auch verbindet die Werbung, wie seit jeher, Katzen mehr mit Frauen als mit Männern.

HEILIGE TIERE

Die berühmtesten heiligen Katzen wurden von den alten Ägyptern gehalten. Die heutigen äthiopischen Rassen sind möglicherweise ihre direkten Nachfahren, sie könnten allerdings auch durch die Kreuzung getigerter Katzen zustande gekommen sein.

Für die Annahme, daß die äthiopische Katze die erste zahme Katze überhaupt war, spricht ihr außergewöhnliches Fell. Früher wurde es seiner Sprenkelung wegen oft als »Hasenfell« bezeichnet. Jedes einzelne Haar hat zwei oder drei dunkle Ringe. Ein ganz ähnliches Fell besitzt auch die afrikanische Wildkatze, von der aller Wahrscheinlichkeit nach unsere Hauskatze abstammt.

TEMPELKATZEN

Sowohl siamesische als auch birmanische Katzen wurden als Hüter buddhistischer Heiligtümer geschätzt. Die Thailänder glaubten, daß der Geist der Menschen in die Katzen hinüberwanderte, wenn sie starben. Dieser Glaube erhöhte die Katzen zu heiligen Tieren. Vielleicht waren sie ja überhaupt keine

Katzen, sondern menschliche Seelen in Katzenkörpern? Mitglieder der königlichen Familie von Siam wurden zusammen mit einer lebenden Katze bestattet. Das Dach der Grabkammer enthielt kleine Öffnungen; entkam die Katze durch eines dieser Löcher, dann war sicher, daß die Seele des Verstorbenen in der Katze weiterlebte.

In Birma erzählt man folgende Geschichte: Vor der Geburt des Buddha lebten im Tempel von Lao-Tsun, der der blauäugigen Göttin Tsun Kyankse geweiht war, hundert weiße Katzen. Tsun Kyankse aber wachte über die Wanderung der abgeschiedenen Seelen. Eines nachts überfielen Räuber den Tempel und töteten den Hohepriester, der am Altar kniete. Sofort sprang seine gelbäugige Katze Sinh auf den toten Körper und empfing dessen Seele. Sinhs Fell wurde golden und ihre Augen so blau wie die der Göttin. Wo sie aber den Körper des Priesters berührt hatte, blieben ihre Pfoten als Symbol für die Reinheit des Priesters schneeweiß. Der Hohepriester, jetzt in Sinhs Körper, gab seinen Mönchen die Kraft, die Mörder zu überwältigen. Die arme Sinh saß sieben Tage auf dem Thron und verweigerte jede Nahrung. Dann starb sie. Die Seele ihres Meisters wanderte weiter, in den Himmel. Von diesem Tage an hatten alle Katzen des Tempels blaue Augen, ein goldenes Fell und die weißen Pfoten der Birma-Katze.

SONNE UND MOND

Offensichtlich können Katzen in der Dunkelheit sehen. Daher wurden sie schon von den alten Ägyptern mit den Lichtquellen Sonne und Mond in Verbindung gebracht.

Wie viele andere Völker verglichen die Ägypter den Löwen mit der Sonne. Beide sind stark und mächtig. Der große ägyptische Sonnengott Ra wurde als Löwe dargestellt, ebenso seine Tochter Sekhmet.

Einer der Gründe dafür, daß die Ägypter Katzen schließlich zu ihren Haustieren machten, lag wohl auch darin, daß sie sie als »kleine Löwen« betrachteten. Im Jahre 2000 v. Chr. war die afrikanische Wildkatze einem Löwen sicher sehr viel ähnlicher als unsere heutige Hauskatze.

Katzen repräsentierten also dieselben Mächte wie die Löwen, und so nahm der Sonnengott Ra bisweilen die Gestalt einer Katze an. Zudem galt der Mond im Reich der Pharaonen auch als »kleine Sonne«. Daraus folgte, daß die »großen« und »kleinen Löwen« nicht nur mit der Sonne, sondern auch mit dem Mond identifiziert wurden. Die Katze wurde schließlich zum Symbol der Mondgöttin Bastet, die ursprünglich in Gestalt einer Löwin angebetet worden war.

Bastet und Sekhmet, zwei Schwestern, waren als »die Augen des Horus« bekannt. Horus war der große Himmelsgott. Sekhmet, die löwenhäuptige Göttin, war sein rechtes Auge – die Sonne –, und Bastet sein linkes Auge – der Mond. Mitunter wurde Bastet auch als linkes Auge der Mondgöttin Isis verehrt.

DIE WETTERKATZE

Es ist schwer zu sagen, ob Katzen das Wetter »vorhersagen« können. Sicher reagieren sie sensibler auf Elektrizitätsschwankungen und Luftdruckveränderungen als wir Menschen. Katzen schaffen es sogar, ihre Jungen vor einem plötzlich hereinbrechenden Wirbelsturm in Sicherheit zu bringen. Die meisten Geschichten über die Wetterfühligkeit der Katzen gründen sich aber auf weniger überzeugende Fakten.

Einem weit verbreiteten Glauben nach wird es regnen, wenn eine Katze ihre Pfote hinter die Ohren legt (was Katzen allerdings stets tun, wenn sie sich waschen). Man sagt, sie ziehe förmlich »den Regen vom Himmel herab«. Eine aufgeregte Katze mit erhobenem Schwanz signalisiert Sturm. Wenn eine Katze dagegen ihre Position für die obligatorische »Katzenwäsche« einnimmt, dann kann das alles bedeuten: entweder kommt Regen, Schnee, Frost oder anderes schlechtes Wetter auf.

In Schottland und Osteuropa glaubt man, daß die Engel Blitze aussenden, um die Katzen von bösen Geistern zu befreien. Bei Gewitter scheucht man Katzen deshalb aus dem Haus.

Vielen Überlieferungen zufolge

können Katzen, wie die Hexen, das Wetter sogar beeinflussen. In manchen Bauernsagen haben Katzen die Macht, Regen zu bringen. Dieser Glaube geht zurück auf die Zeit, als der Überlieferung nach urzeitliche Katzengöttinnen über die Ernte wachten.

In Kambodscha gibt es den alten Brauch, eine im Käfig eingesperrte Katze von Dorf zu Dorf zu tragen. Die Dorfbewohner besprenkeln sie dann mit Wasser, um so ihren Gott Indra um Regen zu bitten. Mancherorts tauchte man die armen Katzen sogar ganz unter Wasser!

KATZEN BEI NACHT

Jede Nacht geht Ra, die Sonne, schlafen, und Dunkelheit senkt sich über das Land. Das glaubten die alten Ägypter. Während Ra, umgeben von Totengeistern, in seinem Boot durch die Unterwelt gleitet, versucht die Schlange Apep, ihn aufzuhalten, indem sie das Wasser unter seinem Boot leertrinkt. Zum Schluß erscheint die Große Katze – angefeuert von den Geistern, die laut »Miau« rufen, und beißt der Schlange den Kopf ab. So kann die Sonne jeden Morgen aufs neue über Ägypten aufgehen.

KATZEN UND VAMPIRE

In Japan verwandeln sich Vampire gern in eine Katze, überwältigen heimtückisch ihr Opfer und leben dann in dessen Hülle weiter. In einer sehr tragischen Geschichte verbringt der Prinz von Hizen den Abend mit seiner Lieblingsfrau O Toyo. Auf dem Rückweg in ihre Gemächer wird diese von einer riesigen Katze verfolgt und erwürgt. Die Katze schlüpft in O Toyos Körper, verhext den Prinzen und berauscht sich an seinem Blut. Der ahnungslose Prinz wird schwach und schwächer, bis ein treuer Soldat schließlich die Hexerei entdeckt und den Vampir tötet.

In China heißt es, daß ein Toter auferstehen und für kurze Zeit Böses anrichten wird, wenn sich unter seiner Bahre ein Hund und über ihm auf dem Dach eine Katze befindet. In weiten Teilen Europas glaubte man, daß aus einem Toten ein Vampir wird, wenn eine Katze über seine aufgebahrte Leiche läuft. Deshalb sperrt man Katzen aus Totenzimmern aus.

Ein gut belegter Fall von Vampirismus im Osteuropa des 15. Jahrhunderts erzählt von merkwürdigen Heimsuchungen und sogar Ermordungen durch den Geist eines Mannes, dessen Gesicht im Augenblick seines Todes von einer schwarzen Katze wüst zerkratzt wurde. Als sein Körper sechs Monate später ausgegraben wurde, war noch immer keine Verwesung eingetreten. Um den Fluch zu bannen, mußte der Leichnam zerstückelt und verbrannt werden.

Diese Vampirlegenden haben ihre Wurzeln in dem hebräischen Volksglauben um Lilith, Adams erster Frau. Sie wurde aus dem Paradies vertrieben, weil sie ihrem Mann nicht gehorsam war. Aus Lilith wurde eine böse Hexe und ein Vampir, der sich an Säuglingsblut labte. Am liebsten nahm Lilith den Körper einer riesigen schwarzen Katze namens El Broosha an.

ESOTERISCHE KATZEN

Im modernen Tarot kommen keine Katzen vor. Bevor aber, um das Jahr 1800, die Marseilles-Karten üblich werden, findet sich die Katze auf der unnumerierten Narrenkarte zu Füßen des Narren. Sie soll unsere niedere Natur versinnbildlichen, die uns auf dem langen Weg zur Erleuchtung behindert. Diese Natur wurzelt stark im Unbewußten; um ihn darauf aufmerksam zu machen, beißt die Katze den Narren ins linke Bein. Die linke Seite des Körpers steht für Unbewußtes und Intuition.

KATZEN IN DER ASTROLOGIE

Erstaunlicherweise kommen weder in der westlichen noch in der östlichen Sternkunde Katzen vor. Der französische Dichter Voltaire mochte keine Katzen und mokierte sich immer darüber, daß sie es nicht geschafft hatte, unter die 33 Sternbildtiere aufgenommen zu werden. Sein Landsmann Lalande, ein Astronom, nannte, nur um Voltaire zu ärgern, ein Sternbild »Felis« und nahm es in seine Himmelskarte auf. Er schrieb: »Diese Figur soll an der Sternenkarte kratzen.« Das tat sie aber leider nur für hundert Jahre, dann wurde »Felis« als überflüssig aus den Himmelskarten verbannt.

Das chinesische Horoskop schließt die Katze aus, weil sie sich bei Buddhas Tod unwürdig verhalten haben soll. Alle Tiere kamen, um Buddhas Eingang ins Nirwana mitzuerleben. Nur die Katze verpaßte das Ereignis, weil sie unterwegs ein Nickerchen hielt. Heute stellt die Katze manchmal das vierte chinesische Tierkreiszeichen dar, aber traditionell stand an dieser Stelle der Hase.

DIE KATZE UND DAS GOLD

In der mittelalterlichen Alchemie galt die Katze als Gegenstück zum Löwen. Der Löwe gehörte zur Sonne, die Katze zum Mond. Dabei symbolisierte der Löwe den männlichen Geist, die Katze die weibliche Seele. So verkörperten die beiden Tiere die beherrschte beziehungsweise die ungezähmte innere Natur des Menschen. Übrigens verglichen die Alchemisten, die ja Gold herstellen wollten, die Barthaare der Katze mit dem kreuzförmigen Buchstabe Chi. Chi ist der erste Buchstabe des griechischen Wortes Chaos – aus dem heraus alles entsteht. Die griechischen Wörter für Gold, Feuerprobe und Zeit – die drei großen Unbekannten der Alchemie – beginnen ebenfalls mit Chi. Ob der Buchstabe X deshalb auch heute noch das Unbekannte symbolisiert?

VON KATZEN UND SCHLANGEN

Von der Legende, nach der die Katze nicht zu Buddhas Beerdigung erschien, gibt es eine weitere Version. Sie besagt, daß die Katze sehr wohl ankam, sich aber dadurch entehrte, daß sie nicht weinte. Das einzige andere Tier, das bei dieser Gelegenheit keine Tränen vergoß, war die Schlange.

Katzen und Schlangen haben viele Gemeinsamkeiten. Wie schon berichtet, biß die Große Katze in der ägyptischen Mythologie der Schlange Apep Nacht für Nacht den Kopf ab, um den Sonnengott Ra zu retten.

Die Schlange versinnbildlicht in diesem Mythos Tod und Krankheit. In der frühen gnostischen Schrift »Pistis Sophia« berichtet Jesus seiner Mutter Maria von einer großen Schlange, die sich selbst in den Schwanz beißt und dabei die ganze Welt umschlingt. Diese Welt enthält zwölf Höllenkammern. Einige der Wächter vor den Kammern haben Katzenhäupter. Auch in diesem Mythos bilden Schlange und Katze zwei Teile eines Ganzen.

DIE GESCHICHTE VON THOR UND DER GRAUEN KATZE

In der altnordischen Mythologie wird der Himmelsgott Thor von einem Riesen dazu angestachelt, Wunder zu vollbringen. Thor soll eine riesige graue Katze von der Erde hochheben. Er kann aber nur eine ihrer Pfoten bewegen – so schwer ist sie. Der Riese erzählt Thor schließlich, daß die Katze eigentlich die Weltschlange ist, die Midgard (die Erde) umfängt und mit einem Schleier verhüllt. Katze und Schlange sind hier gleichgesetzt. Sie symbolisieren das Gleichgewicht der ewigen Kräfte von Gut und Böse. Die Wurzel dieser Geschichte steckt wohl im Bild der zusammengerollten Katze, die der zum Kreis gerollten Schlange so ähnlich sieht. Ein Kreis stellt die Unendlichkeit dar, weil er ohne Anfang und Ende ist, und er bildet eine alles umschließende Ganzheit.

DIE KATZE IM ALTEN ÄGYPTEN

In vielen Kulturen wurde der Löwe verehrt und mit dem allergrößten Respekt behandelt. Für die Babylonier war der Löwe das Symbol der Kraft und wurde mit Ishtar, der Göttin der Fruchtbarkeit und des Krieges, gleichgesetzt.

Den Ägyptern muß es wie ein Himmelsgeschenk vorgekommen sein, daß sie den »kleinen Löwen«, die Wildkatze, zähmen konnten. Die ägyptische Katzenverehrung hat alle westlichen und östlichen Kulturen beeinflußt.

DER KULT DER GÖTTIN BASTET

Bastet war ursprünglich eine eher unbedeutende ägyptische Gottheit, sie war lediglich ein Aspekt der Mondgöttin Isis. Schon bald stieg sie aber zu einer Hauptgottheit auf. In einigen ägyptischen Mythen verwandelt sich Bastet im Zorn in ihre löwenhäuptige Schwester Sekhmet. Schwillt ihr Zorn ab, nimmt Bastet wieder die sanftere Natur der Katze an.

Bastet war auch als Bast oder Pasht bekannt, wovon das Wort »Pussy« abgeleitet sein soll. Zentrum des Bastet-Kults war die Stadt Bubastis im Nildelta (seit 2500 v. Chr.). Im Jahre 945 v. Chr. wurde Bubastis zur Hauptstadt Ägyptens und Bastet avancierte zur wichtigsten Göttin. Nach allen vorliegenden Berichten muß ihr Tempel ein gigantisches Bauwerk gewesen sein. Herodot beschrieb ihn 450 v. Chr. als »eine vom tosenden Meer umspülte Festung«. Der Schrein der Göttin bestand aus poliertem roten Granit und maß fünfzehn Meter in der Länge.

Bastet wurde darüber hinaus als Göttin der Musik, des Tanzes und der Feste verehrt. Auf Abbildungen erscheint sie uns als riesige Katze oder katzenköpfige Frau. In der Hand trägt sie das Sistrum, eine Rassel mit vier Saiten. Damit vertrieben die Frauen traditionell böse Geister. Das Sistrum galt zudem als Symbol für Fruchtbarkeit. Auch der Mondgöttin Isis war dieses Instrument heilig. Immer wieder nahm auch diese Göttin Katzengestalt an.

Bastet wird noch mit einem Schild, der sie als Beschützerin ausweist, und mit einem Korb für ihre Jungen gezeigt.

TODESRITEN

In Bubastis findet sich der berühmteste Katzenfriedhof in Ägypten. Hunderttausende mumifizierter Katzen sind dort und überall im Land (auch bei den Pyramiden von Gizeh) begraben. Vielen wurde das Genick gebrochen – ein Zeichen, daß sie als Opfertiere dienten. Die meisten dieser Opferkatzen waren noch nicht ausgewachsen. Möglicherweise wurden die Jungtiere nur zum Zweck der Opfergabe gezüchtet und dann verkauft.

Katzen durften nur aus religiösen Gründen geopfert werden. Wer sonst eine Katze tötete, wurde mit dem Tode bestraft! Eine Legende erzählt, daß der Perserkönig Kambyses im 5. Jahrhundert v. Chr. Ägypten erobern konnte, weil er sich die strengen ägyptischen Katzengesetze zunutze machte. Seine Soldaten banden sich Katzen auf ihre Schutzschilde, und ihre ägyptischen Gegner mußten kapitulieren. Das Risiko, eine der Katzen zu töten, war ihnen zu groß.

Wenn eine Hauskatze starb, trauerten alle Mitglieder eines Haushalts. Sie befolgten dann ein Ritual, das von ihnen verlangte, sich zum Zeichen der Trauer die Augenbrauen abzurasieren. Die bogenförmigen Augenbrauen sollten an den Mond und damit an ein weiteres Katzensymbol erinnern.

Der Bastet-Kult und die Festlichkeiten von Bubastis überlebten bis weit in die christliche Zeitrechnung. Jahr für Jahr pilgerten Tausende den Nil hinauf, um an großen Gelagen teilzunehmen und junge, mumifizierte Katzen zu opfern. Dieser heidnische Kult wurde im Jahre 392 durch den christlichen Kaiser Theodosius verboten und erlosch schließlich, nachdem er fast zweieinhalbtausend Jahre in Blüte gestanden hatte.

DIE KATZE IM FERNEN OSTEN

Wahrscheinlich wanderte die Hauskatze im 4. nachchristlichen Jahrhundert über die Seidenstraße nach Indien und China. Etwa zweihundert Jahre später folgte sie von dort aus buddhistischen Mönchen nach Japan. Im fernen Osten verbreiteten sich ganz ähnliche Volkssagen und Legenden wie in unserem westlichen Kulturkreis.

Die meisten östlichen Kulturen behandeln Katzen mit Respekt. In Indien galt es lange Zeit als Sakrileg, eine Katze zu töten. Wie die Tempelkatzen aus Thailand oder Burma genossen auch in Japan Katzen gesetzlichen Schutz. Kaiser Ichijo, der um die Jahrtausendwende herrschte, fand eines Tages in einem Winkel seines Palastes einen Korb mit niedlichen kleinen Katzenjungen. Weil er an diesem Tag besonders gnädig gestimmt war, erhob er alle Katzen in den Adelsstand. Von da an wurden Katzen in Japan fürstlich verwöhnt und von jeder Arbeit ferngehalten.

DIE RETTER DER SEIDENRAUPEN

Selbst als unzählige Mäuse die Kokons der Seidenwürmer fraßen und die Seidenindustrie kurz vor dem Ruin stand, war es noch verboten, Katzen einzusetzen. Von künstlichen »Katzenscheuchen« ließen sich die cleveren Mäuse aber nicht abschrecken. So mußten die Katzen schließlich doch wieder zur Jagd zugelassen werden.

Noch heute gibt es in Tokio den Tempel von Gotokuji, der als Kultstätte und Friedhof für Katzen dient. Gebetsschildchen für kranke oder vermißte Katzen sind dort aufgestellt. Der Tempel steht unter dem Schutz des Geistes von Manekineko, einer Katze aus dem Schatz der japanischen Volksmärchen. Sie wird auf allen Bildern mit einer zum Gruß erhobenen Pfote dargestellt.

ERNTEKATZEN

Der chinesische Gott des Ackerbaus, Li-Shou, wurde in Gestalt einer Katze verehrt. Nach der Ernte brachte man ihm Opfer dar, um das Getreide vor Schädlingen zu schützen. Es ist leicht nachzuvollziehen, daß ein Katzengott zum Schutz vor Ratten und Mäusen angerufen wurde. Auch die traditionelle Bedeutung der Katze als Fruchtbarkeitssymbol spielte dabei eine Rolle. Interessanterweise ähnelt dieser chinesische Gott einem der Naturgeister, die unsere Vorfahren verehrten. Die »Kornkatze« war hierzulande ebenfalls für den Schutz der Ernte zuständig. Die Bauern bestellten ihre Felder nach dem Mond.

DIE KATZE IN DER ANTIKE

Es gibt zwei Theorien, wie die Hauskatze im alten Griechenland und danach überall in Europa heimisch wurde. Wir wissen, daß die alten Griechen schon 550 v. Chr. Katzen hielten, denn Äsop erwähnt sie zwei oder dreimal in seinen Fabeln. Allerdings geht er nicht gerade freundlich mit ihnen um. Ihm zufolge ist die Katze ein verschlagenes und heimtückisches Tier, das sogar den Fuchs noch überlistet.

Der einen Theorie nach eroberte die Katze den europäischen Kontinent im Gefolge der Römer, die auf ihren Feldzügen stets von der braunen Ratte und der

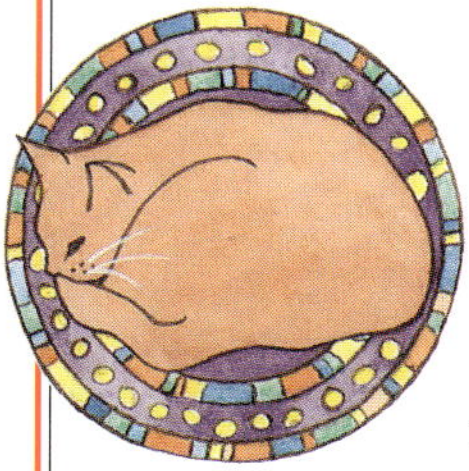

Hausmaus begleitet wurden. Die andere Version geht davon aus, daß die Griechen den Ägyptern einige Katzen abkauften, weil sie so die Ausbreitung der Pest zu verhindern hofften. Dies soll zu der Zeit geschehen sein, als das Christentum Ägypten erreicht hatte. Zuvor hatten sich die alten Ägypter geweigert, mit ihren vergötterten Katzen Handel zu treiben.

VERSCHIEDENE ANSICHTEN

Einer Legende zufolge begann der römisch-ägyptische Krieg, der mit der Schlacht von Atrium und mit dem Tod von Antonius und Kleopatra endete, weil ein römischer Legionär auf ägyptischem Boden versehentlich eine Katze getötet hatte.

Die Griechen betrachteten die Katze eher nüchtern. Sie benutzten sie zur Bekämpfung der Ratten. Dennoch schrieben auch sie ihr übersinnliche Kräfte zu. Aristophanes sagt: »Wenn eine Katze deinen Weg kreuzt, ist das ein schlechtes Omen.«

Die Römer behandelten Katzen wesentlich respektvoller, nicht nur als Ratten- und Mäusefänger. Bei den Ausgrabungen in Pompeji wurde eine Frau gefunden, die im Angesicht des Todes ihr Schoßkätzchen in ihrem Arm gewiegt hatte.

Im christlichen Mittelalter änderte sich die Einstellung zur Katze völlig. Die heidnischen Mondgöttinnen Diana/Artemis und Hekate galten als Anführerinnen der Hexen. Die Katze, als ihr tierisches Gegenstück, wurde gleich mit verdammt.

VON DER GÖTTIN ZUR HEXE

Die Katze hatte in der griechischen und römischen Antike ganz ähnliche Funktionen und Bedeutungen wie schon in der altägyptischen Kultur. Sie wurde den antiken Mondgöttinnen zugeordnet, symbolisierte Freiheit, Fruchtbarkeit, wasserspendende Energie und die Unterwelt. Die klassische Mythologie berichtet, daß alle Götter Griechenlands vor dem Ungeheuer Typhon vom Olymp nach Ägypten flohen. Da sie befürchteten, Typhon könne ihnen folgen, verwandelten sie sich in Tiere. Diana, die griechische Artemis, nahm Katzengestalt an. Aus gutem Grund: Artemis war nämlich die griechische Spielart der ägyptischen Mondgöttin Bastet. Diana/Artemis folgten also nur ihrem ägyptischen Vorbild. Bedenkt man die natürliche Wesensart der Katze, so verwundert auch ihre Verbindung mit der Jagd nicht – und Artemis und Diana waren beide Göttinnen der Jagd.

Auch Hekate verwandelte sich auf der Flucht in eine Katze. Sie war die griechische Göttin der Unterwelt und der Nacht und somit die dunkle Seite der Artemis. In der römischen Mythologie wurde aus Hekate eines der drei Antlitze der Mondgöttin: Luna (am Himmel), Diana (auf der Erde) und Hekate (in der Unterwelt). Diese dreigestaltige Göttin nahm die Gestalt einer Katze an, wenn sie sich mit ihrem Bruder Luzifer vereinigen wollte. Aus dieser Verbindung erwuchs die Hexenmeisterin Aradia.

DIE KATZE BEI DEN KELTEN

Der nordischen Fruchtbarkeitsgöttin Freya waren Katzen heilig. Als Patronin sowohl der Liebenden als auch der gefallenen Krieger besaß sie dieselbe Macht über Fruchtbarkeit und Tod wie Bastet und Hekate. Wie diese wurde sie als Mondgöttin verehrt. Katzen zogen Freyas Triumphwagen. Göttervater Odin verlieh Freya die Macht über die »Neunte Welt«- vielleicht eine Anspielung auf die uralte Verbindung der Katze mit der Zahl neun.

KATZENGOTTHEITEN IM HEIDNISCHEN BRITANNIEN

Über die keltische Göttin Danu ist nicht viel bekannt, sie mag ursprünglich eine Fruchtbarkeitsgöttin gewesen sein. Jedenfalls scheint aus ihr die fürchterliche »Schwarze Annis« der Dänischen Hügel in Leicestershire in England geworden zu sein. Die Schwarze Annis nahm oft Katzengestalt an. Sie soll riesige Zähne und lange Krallen gehabt haben und in der Nacht umhergestrichen sein. Sie tötete und verspeiste am liebsten Kinder. Diese Legende ähnelt auffallend der älteren, hebräischen von der kinderfressenden Lilith.

Auch der schottische Cailleach Bheur oder die Blaue Winterhexe sah aus wie eine Katze. Als Wintergöttin wurde sie jedes Jahr am 31. Oktober wiedergeboren und brachte den Schnee. Die Göttin Brigit besiegte sie schließlich und verwandelte sie an einem 30. April in einen Stein. Einer ähnlichen, griechischen Sage zufolge mußte Persephone, Tochter der Erdgöttin Demeter, die sechs Wintermonate des Jahres im Hades verbringen, wo sie zu Hekate wurde.

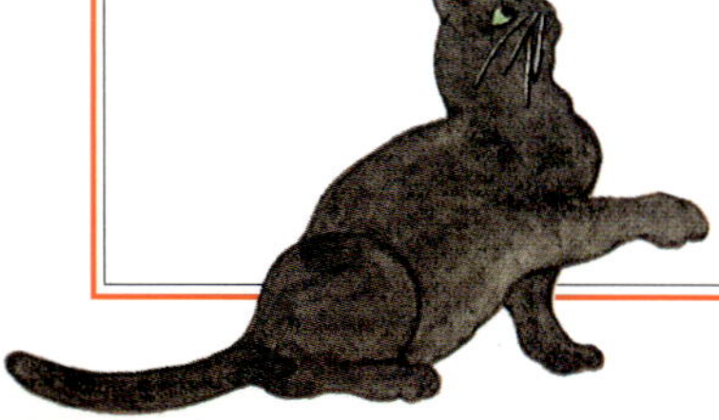

DIE DUNKLEN JAHRHUNDERTE

In ganz Nordeuropa wurden Katzen geopfert und unter Obstbäumen und in den Feldern begraben, um eine gute Ernte zu begünstigen. Wahrscheinlich war die »Kornkatze«, die die reifende Feldfrucht behütete, eine Abwandlung der Göttin Freya. Sie verbarg sich nach der Ernte in einer Korngarbe und kam im folgenden Frühling wieder hervor, um über das Wachstum der Pflanzen zu wachen. In diesem Glauben liegt wohl der Ursprung der rituellen Tötung einer Katze nach der Ernte der letzten Getreidegarben. In abgewandelter Form hat sich diese Praxis in weiten Teilen Europas bis heute erhalten: Zum Erntedank verkleiden sich Menschen als Katzen oder schmücken eine echte Katze mit Bändern und Schleifen.

VON KATZEN UND HEXEN

Im 13. Jahrhundert wuchs die Enttäuschung der Menschen über die Kirche und die gesellschaftliche Lage. Die Kirche suchte einen Sündenbock und verfiel auf die Hexerei. Von alten Frauen erwartete man wenig ernsthaften Widerstand. In den folgenden Jahrhunderten wurden abertausende von ihnen als Hexen verbrannt – und ihre Katzen dazu.

Für die feindliche Haltung der Kirche gegenüber der Katze gab es mehrere Gründe. Zum einen fürchteten die christlichen Patriarchen die seit Urzeiten bestehende innige Beziehung zwischen Katzen und Frauen. Zum anderen stand die Katze nach den überlieferten Mythologien der Ägypter, Griechen und Römer in engem Kontakt mit dem Mond und der Unterwelt mit all ihren dunklen Geheimnissen.

Nach und nach versuchte das Christentum, alle heidnischen Götter und Göttinnen zu dämonisieren und so zu verdrängen. Diana, Artemis, Hekate und Freya wurden zu Hexen erklärt. Sie alle waren als himmlische Nachfahren der ägyptischen Göttin Bastet eng mit Katzen verbunden.

Zur Verdammung der Katze berief sich die Kirche des weiteren auf die Bibel. Dort wird die Katze nur ein einziges Mal erwähnt, und das auch nur in den Apokryphen. Dort heißt es lediglich, daß Fledermäuse und Mäuse auf Götzen sitzen werden und ebenso auch Katzen. Im Alten Testament werden Katzen sonst nicht erwähnt. Das liegt sicher auch daran, daß die Juden aus historischen Gründen alles ablehnten, was den Ägyptern wertvoll war.

DIE HEXE IM MITTELALTER

1565 wurde im Badischen Agnes Mästlin, ihre Tochter Hanna und eine Frau namens Elisabeth Keil der Hexerei angeklagt. Elisabeth soll einen weißgefleckten Kater, »Satan«, gehabt haben, den sie mit Brot, Milch und ihrem eigenen Blut ernährte. Das Tier habe den Mann getötet, der Elisabeth geschwängert, aber nicht geheiratet hatte. Der Kater soll ihr auch gezeigt haben, wie man ein Kind abtreibt. Elizabeth gab dann Satan an Agnes weiter. Bald darauf verendeten viele Weidetiere. Elizabeth und Agnes wurden wegen Hexerei gehängt.

Am vertrautesten ist uns das Bild der Hexe mit einer schwarzen Katze. Hexen sollen auf katzenförmigen Besen geritten sein, manchmal sah man sie angeblich auch auf ihren Katzen durch die Luft fliegen. Ein weitverbreiteter Glaube war, daß jede Hexe sich in eine Katze verwandeln konnte. Einige behaupteten, sie könne das neunmal in ihrem Leben tun, und hier wird einer der Ursprünge für die Auffassung vermutet, wonach Katzen über neun Leben verfügen. In einigen Gegenden wird noch immer der Rat

beherzigt, daß man »in Gegenwart einer Katze von niemandem übel reden soll«. Die Katze könnte ja eine Hexe sein. In Ungarn glaubte man, daß die meisten Katzen im Alter zwischen sieben und zwölf Jahren zu Hexen wurden. Man rasierte ein Kreuz in ihr Fell, um diese Verwandlung zu verhindern.

Nach einem englischen Bericht des 18. Jahrhunderts wurde »Robert Tinbull auf einer Brücke von Hester Dale, der alten Hexe von Marrick, über eine Stunde in Bann gehalten. Sein Pferd tat keinen Schritt mehr, bis Tom Wilson mit einem Stab aus Eberesche erschien. Dann sahen beide Hester als schwarze Katze über die Straße eilen. Beide wußten, daß sie es war, weil sie schon lange böse Absichten gegen ihn hegte.«

DIE KATZE UND DER TEUFEL

Dem mittelalterlichen Volksglauben nach war die Katze das Geschöpf des Teufels. Schwarze Katzen wurden sogar als der Teufel selbst betrachtet. Sicherlich dachten die Menschen in Irland daran, wenn sie beim Betreten eines Hauses zum Gruß sagten: »Gott schütze alle hier, nur nicht die Katze.« In Slowenien glaubten viele Bauersleute an den Teufel in Katzengestalt. Des Nachts mieden sie schwarze Katzen um jeden Preis, denn zu diesen Stunden konnte der Teufel jederzeit angreifen.

Im 17. Jahrhundert wurde in Dänemark eine Frau verurteilt, die ein Kind mit Katzenkopf zur Welt gebracht haben soll. Sie mußte Verkehr mit dem Teufel gehabt haben. Wahrscheinlich hatte sie ganz einfach ein Kind mit einer Anomalie geboren.

Wenn der Teufel beschworen werden sollte, benötigte man dazu immer eine Katze. Im schottischen Hochland gab es im 17. Jahrhundert einen Ritus, bei dem mehrere Personen eine lebende Katze rückwärts über ihre Schulter in einen Röstofen mit zwei Türen werfen mußten. Einer der Anwesenden kroch anschließend unter einen Kessel, ein anderer sprach die Beschwörungsformel und ein dritter hielt sich bereit, dem Teufel gegenüberzutreten. Dann warf man dem Teufel die Katze ins Gesicht, und er mußte Fragen beantworten und Wünsche erfüllen.

VON RITTERORDEN UND SEKTEN

Der Ritterorden der Hochtempler entstand im 12. Jahrhundert und beschützte christliche Pilger auf ihrer Reise ins Heilige Land. Je mehr Macht und Einfluß der Orden jedoch gewann, desto unbeliebter wurde er sowohl bei Königen wie beim gemeinen Volk. Schließlich klagte die Kirche die Tempelritter der Ketzerei an. Unter der Folter »gestanden« viele von ihnen, Satan unter dem Namen Baphomet (von »Bastet«) in Gestalt einer schwarzen Katze anzubeten. Der Teufel wohne ihren Zeremonien gewöhnlich selbst in dieser Gestalt bei, er lasse sich Babies und junge Mädchen opfern. Diese Ritter hatten alle einen großen Teil ihres Lebens im Mittleren Osten verbracht, und obgleich ihre Geständnisse sicher nichts als erzwungene Hirngespinste waren, hatten sie anscheinend dunkle Gerüchte über den ägyptischen Katzenkult gehört.

Auch andere religiöse Gruppen, wie die Albigenser und die Waldenser, wurden der Ketzerei bezichtigt. Alain de Lille, ein Historiker des 12. Jahrhunderts, behauptete, die christliche Sekte der Katharer habe sich nach der Katze benannt, weil ihren Mitgliedern der Teufel in dieser Gestalt erschiene. Die Katharer selbst hatten sich aber einen ganz anderen Namen gegeben, »Bon Hommes«, also »Gute Menschen«.

DIE KATZE IM FRÜHEN CHRISTENTUM

Einer Legende zufolge warf im Stall zu Bethlehem zur selben Zeit, als Jesus geboren wurde, eine Katze Junge. Die Mutter Jesu bat alle Tiere im Stall, das kleine Jesuskind zum Einschlafen zu bringen, aber keines der Tiere war dazu in der Lage. Schließlich kroch ein kleines graues Katzenjunges zu Jesus in die Krippe. Beim Geräusch des schnurrenden Kätzchens schlummerte der Gottessohn schließlich ein.

Das frühe Christentum scheint die Katze nicht gefürchtet zu haben. Seit dem 4. Jahrhundert wurde die Katze in vielen Buchmalereien abgebildet. Oft symbolisiert sie dort das Gericht; sie sitzt über Ratten und Mäuse zu Gericht, die menschliche Seelen darstellen.

Die frühen Christen mochten Katzen. Dem Volksglauben nach hatte Gott die »Gute Katze« erschaffen, um die Maus als Werkzeug des Teufels zu bekämpfen. Zum Teil fanden sogar heidnische Katzenbräuche Eingang in den christlichen Glauben. Die heilige Agatha etwa soll sich in eine wütende Katze verwandelt haben (wie Sekhmet), um Frauen zu strafen, die an dem Feiertag arbeiteten, der der Heiligen gewidmet war. Agatha hieß andernorts auch »Santo Gato« oder »St. Cat«. Der heiligen Gertrud waren sowohl Mäuse wie Katzen heilig. Die Verknüpfung der Mutter Jesu, Maria, mit der Katze hat sich wohl auf ähnliche Art vollzogen. Katzen waren seit jeher mit starken Muttergottheiten verbunden. Das Fest Mariä Himmelfahrt am 15. August ersetzte das heidnische Fest der Diana/Artemis. Leonardo da Vinci und viele andere Künstler malten die Madonna und das Kind mit einer Katze, dem uralten Symbol der Fruchtbarkeit.

BÖSE KATZEN

In Verbindung mit den Hexen wurde die Katze zum idealen Sündenbock für die Kirche, als sie sich daran machte, die Überreste des Heidentums auszumerzen. Angeblich beteten ganze Gruppen von Frauen die römische Göttin Diana an – ein Werk des Satans. Nicht wenige Historiker sind davon überzeugt, daß dieser Diana-Kult nur in der Vorstellung der Kirche, quasi als fixe Idee, existiert hat. Jedenfalls lieferte er den ersten Vorwand für die christliche Hexenverfolgung. Und die Katze, die traditionell zu Dianas Füßen saß, wurde von da an ebenfalls als Hexe betrachtet.

Obgleich die Katze einst sogar die göttliche Fruchtbarkeit der Mutter Gottes symbolisiert hatte, stand sie nun nur noch für Verstohlenheit und Betrug, sie wurde zur Judaskatze und erscheint als solche auf vielen Gemälden vom Letzten Abendmahl. Nachdem die ketzerischen Manichäer, Waldenser, Albigenser, Katharer und Templer einmal »gestanden« hatten, den Satan in Gestalt einer schwarzen Katze anzubeten, kannte der Haß gegen die Katze in der christlichen Welt keine Grenzen mehr. Seit dem späten Mittelalter wurde sie grausam verfolgt.

Innozenz VIII., ein Papst der Renaissancezeit, befahl, alle Katzen in der christlichen Welt zu töten. Millionen von Katzen fielen diesem Befehl zum Opfer, die meisten von ihnen wurden verbrannt. Erst Ludwig XIII. unterband diese Praxis im frühen 17. Jahrhundert wieder. Der Katzenhaß mag übrigens mitverantwortlich für die verheerende Ausbreitung der Schwarzen Pest gewesen sein. Ratte und Maus als Träger der tödlichen Seuche hatten sich ja ungehindert vermehren können.

Nach und nach verblaßte dann der mittelalterliche Aberglaube, und als die europäische Bevölkerung im 18. und 19. Jahrhundert ein neues Bewußtsein für

Hygiene und Gesundheit entwickelte, da vergab die Kirche der Katze wenigstens zum Teil. Als Napoleons Armee in Ägypten stand, brach dort eine Pestepidemie aus. Katzen wurden in die Heerlager gebracht, um die Ratten zu bekämpfen, und die Pest wurde schließlich besiegt. Da Katzen Schädlinge bekämpfen und sprichwörtlich saubere Tiere sind, galten sie bald als Symbol für Reinheit, was schon wieder nahe an Göttlichkeit herankommt.

DIE MACHT DER SCHWARZEN KATZE

Die schwarze Katze war eine genetische Mutation, die um das Jahr 1000 v. Chr. erstmals in Phönizien auftauchte. Bei den Ägyptern galten schwarze Katzen als Glücksbringer, im dunklen Mittelalter galten sie als Geschöpfe des Teufels.

Andererseits schrieb man insbesondere schwarzen Katzen heilende Wirkung bei bestimmten Leiden zu, wie Gürtelrose, Keuchhusten oder dem Grauen Star. Im letzteren Fall rührt der Aberglaube sicherlich von der nächtlichen Sehfähigkeit der Katze her. Unglücklicherweise bestand die Behandlung in den meisten Fällen darin, daß man eine schwarze Katze tötete, ihr Blut trank, ihr Herz briet und aß, ihren Kopf zu Asche verbrannte und ähnliches mehr. Das mindeste aber war, ihr den Schweif abzuschneiden.

Eine schwarze Katze zu berühren, soll Glück bringen; mancherorts soll man dabei sogar einen Wunsch frei haben. Bastet war unter anderem auch eine Heilgöttin, und daher mag der Glaube rühren, die Katze könne dem Menschen Gutes und Böses bringen. Besonders schwarze Katzen wurden mit Hexen identifiziert und daher auch mit der Macht über die Winde und Stürme auf See. Die Frauen von Seefahrern pflegten schwarze Katzen zu halten, um ihre Männer auf See zu schützen. In manchem Fischerdorf war die schwarze Katze so wertvoll, daß sie den Besitzern immer wieder gestohlen wurde.

KATZEN UND DAS ÜBERSINNLICHE

Es gibt viele Beweise dafür, daß Katzen unerklärliche psychische Phänomene wahrnehmen. Viele Fälle sind gut dokumentiert, in denen Katzen Geister »gesehen« haben, die ihren menschlichen Gefährten unsichtbar blieben. Einer dieser Fälle betrifft eine Frau, deren Katze gerade gestorben war. Eines Tages kam eine Freundin mit ihrer Siamkatze zu Besuch. Diese Katze ging zu dem Kissen, auf dem die verstorbene Katze immer geruht hatte. Plötzlich machte sie einen Buckel und fauchte, als ob sie einer anderen Katze gegenüberstünde. Wenig später öffnete die Hausbesitzerin die Terassentür, und zwar etwa zu der Zeit, zu der ihre Katze gewöhnlich nach draußen gegangen war. Sofort sprang die Siamkatze auf, ging wieder zu dem Kissen und ließ sich behaglich darauf nieder – als ob die andere Katze den Platz gerade geräumt hätte.

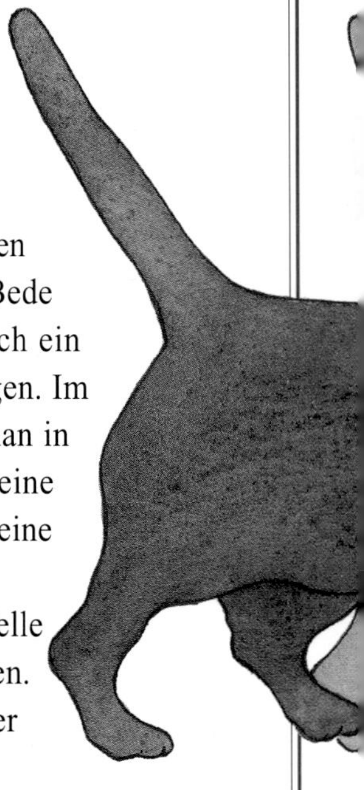

DIE GABE DES ZWEITEN GESICHTS

Diese merkwürdige Empfänglichkeit der Katze muß seit Tausenden von Jahren bekannt gewesen sein. Der Historiker und Mönch Bede beschrieb im 8. Jahrhundert, wie Menschen versuchten, durch ein rituelles Katzenopfer die Gabe des zweiten Gesichts zu erlangen. Im hebräischen Talmud finden sich Anweisungen darüber, wie man in die Geisterwelt blicken könne. Man muß zu diesem Zweck eine schwarze Katze zu Pulver verbrennen und dieses Pulver auf seine Augen streuen.

An der Goldküste Mexikos tragen die Schamanen Katzenfelle um den Hals, um besser mit den Geistern sprechen zu können. Wie die Ägypter glaubten auch die Kelten, daß Katzen Geister sehen können. Sie schauten einer Katze tief in die Augen und wollten so selbst die Geisterwelt erblicken.

KATZENGEISTER

Manchmal erscheint die Katze selbst als Geist. 1968 arbeitete der Maler Tom McAssea in der Galerie des Dower-Hauses in Killakee in Irland. Das Gebäude soll eine ganze Reihe von Gespenstern bergen, unter ihnen eine schwarze Katze, die seit dem 18. Jahrhundert immer wieder einmal gesehen worden war. Plötzlich öffnete sich die verschlossene Tür der Galerie. McAssey sah eine schemenhafte Gestalt und rief: »Nur herein, ich sehe Sie!« Eine Stimme antwortete ganz ruhig: »Du kannst mich nicht sehen.« McAssey schloß die Tür fest zu. Als er noch einmal zurückblickte, blickte er in die roten Augen einer riesigen schwarzen Katze.

KATZENABERGLAUBEN

Im frühen 17. Jahrhundert schrieb Eduard Topsell, daß »der Atem und der Geruch der Katze den guten Geist und die Lungen zerstört«. Natürlich sind manche Menschen allergisch gegen Katzen, aber zur Zeit der Hexenverfolgungen glaubte man, daß Katzen mutwillig Krankheiten bringen.

Umgekehrt war es nicht unüblich, Krankheiten dadurch zu heilen, daß man sie auf eine Katze übertrug. Einem Bericht von 1750 ist zu entnehmen, daß eine Frau mit geschwollener Hand ihren Finger in ein Katzenohr steckte. Nach zwei Stunden waren ihre Beschwerden verschwunden – dafür wand sich die Katze derart unter Schmerzen, daß nur zwei Männer sie festhalten konnten.

MAIKÄTZCHEN UND ANDERE JUNGE

Die Christen erklärten den Mai zum »bösen Monat«, weil zu dieser Zeit viele heidnische Fruchtbarkeitsrituale abgehalten worden waren. Junge Maikatzen wurden folglich auch als böse betrachtet und vielfach umgebracht. Man glaubte, daß Maijunge Schlangen ins Haus ziehen. Mancherorts wurden Katzenjunge, die gleich nach dem Michaelstag am 29. September zur Welt kamen, als »Brombeerjunge« bezeichnet; sie galten als besonders wild.

GLÜCKSBRINGER ODER NICHT?

Wenn uns eine schwarze Katze über den Weg läuft – bringt das Glück oder Unglück? Das hängt ganz davon ab, wo man lebt. In Japan und England beispielsweise soll es Glück bringen. In einigen anderen Ländern bringt es Ungück, es sei denn, man spuckt sofort aus.

Wenn eine schwarze Katze einer Braut auf ihrem Weg zur Kirche begegnet, soll das Unglück bringen. In neuerer Zeit glauben viele, daß eine schwarze Katze,

die von links nach rechts vor einem Auto herspringt, eine Reifenpanne verursacht. Etwas sachlicher ist in diesem Zusammenhang die Meinung, daß eine Katze, die auf einen Menschen zukommt, Glück bedeutet und eine, die ihm den Rücken kehrt, Pech nach sich zieht.

DIE KATZE ALS BÖSES OMEN

In bestimmten Regionen Frankreichs rechnete man mit einem ganzen Jahr Pech, wenn man am 1. Januar einer Katze begegnete. Andernorts beklagte man immerhin einen verlorenen Tag, wenn man morgens spielende Katzen sah. Eine Katze um Mitternacht war niemand Geringerer als der leibhaftige Satan. All diesen schlimmen Vorzeichen könnte man wohl nur entgehen, wenn man seine Augen ständig geschlossen halten würde – wäre da nicht das Problem, daß es auch ein böses Omen ist, wenn man nur von einer Katze träumt.

KATZEN AUF HOHER SEE

Katzen und die Seefahrt haben schon immer miteinander zu tun gehabt, vielleicht, weil die Seefahrer so stark vom Wetter abhängig sind. Japanische Seeleute nahmen eine Katze mit an Bord, um frühzeitig schlechtes Wetter zu erkennen. Die europäischen Seeleute nahmen Katzen mit auf große Fahrt, weil sie das Wetter nicht nur vorausfühlen, sondern angeblich sogar beeinflussen konnten. Wenn eine Katze stark haarte, stand eine schwierige Reise bevor; wer eine Katze über Bord warf, beschwor damit einen Sturm herauf.

Wenn ein Schiff im Hafen auf guten Wind warten mußte, sagten die Seeleute, an Land müsse jemand eine Katze eingesperrt haben. Die Seefahrerfrauen sperrten Katzen ein, wenn sie ihre Männer zu Hause halten wollten. Unter den Fischern der Shetland-Inseln war das Wort »Katze« ein Tabu, ganz besonders, wenn sie gerade ihre Netze auswarfen. Eine schwarze Katze, die einem auf dem Weg zum Boot vorausläuft, ist ein gutes Zeichen; wenn sie aber den

Weg kreuzt, sollte man heimgehen und das Fischen an diesem Tag lieber sein lassen.

WARUM HABEN KATZEN NEUN LEBEN?

Der Glaube an die neun Leben der Katze läßt sich bis ins alte Ägypten zurückverfolgen. Die Neun ist eine heilige Zahl, weil sie sich aus »drei mal drei« ergibt. Die Zahl drei hat fast überall auf der Welt eine besondere Bedeutung – in vielen Kulturen verehrten die Menschen eine heilige Dreieinigkeit. Die Ägypter, in der Zahlenlehre sehr bewandert, verknüpften die Katze schon sehr früh mit der Zahl neun. Im Mittelalter konnten sich Hexen neunmal in Katzen verwandeln. Übrig geblieben ist der Glaube an die neun Leben.

Das ägyptische Wort für Katze lautete »mau«, was so viel wie »die Sehende« bedeutet – vielleicht wegen der typischen Lautäußerung der Katzen. Im übertragenen Sinne bedeutete diese Namensgebung natürlich auch, daß Katzen in die Zukunft sehen können. Dieser »sechste Sinn« läßt sich heute zum Teil wissenschaftlich erklären. Andere Fähigkeiten, das muß man offen gestehen, sind noch immer unerklärlich.

GESPÜR FÜR GEFAHREN

Katzen sind unglaublich empfänglich für Vibrationen. Hierin scheint der Grund für ihre fast unheimliche Fähigkeit zu liegen, Unglücke wie Erdbeben, Vulkanausbrüche oder Luftangriffe im Krieg vorauszuspüren. Viele Menschen, die in unmittelbarer Nähe aktiver Vulkane leben, halten sich Katzen als eine Art Vorwarnsystem, und das aus gutem Grund.

Eine Katze namens Toto lebte bei ihren Besitzern in der Nähe des Vesuv. Eines Nachts im Jahr 1944 weckte Toto ihren Besitzer, indem sie ihn beständig an der Wange kratzte und auch nicht nachgab, als ihr Herrchen schimpfte. Die Ehefrau des Besitzers ahnte, daß Totos ungewöhnliches Benehmen auf einen Vulkanausbruch hindeutete. Sie bestand darauf, in aller Eile ein paar Habseligkeiten einzupacken und das Haus zu verlassen. Eine Stunde später begrub der Vesuv mehr als dreißig Menschen samt ihren Häusern unter glühender Lava.

PSI

Die Fähigkeit der Katze, über unglaublich weite Entfernungen nach Hause zu finden, ist legendär. Der Weltrekord steht bei 2.000 Kilometern. Eine alte hebräische Legende zeigt, wie lange diese außerordentliche Fähigkeit der Katze schon bekannt ist: Als Adam und Eva mitsamt allen Tieren aus dem Paradies vertrieben wurden, konnte sich nur die Katze den Weg merken – und bis heute kennt allein die Katze den Rückweg zum Garten Eden.

ZEITGEFÜHL

Viele Katzen besitzen einen untrüglichen Instinkt für Zeit. So entstand schon bald der Glaube an ihre enge Verwandschaft mit der Sonne, die ja immer genau weiß, wann sie auf- und unterzugehen hat.

Die Katze des französischen Dichters Alexandre Dumas besaß ein außerordentliches Talent. Wenn Dumas am Abend zu einer bestimmten Zeit heimkehrte, kam ihm seine Katze Mysouff stets zur selben Zeit am Ende der Straße entgegen. Manchmal verspätete sich Dumas jedoch. Auch die Katze verließ dann das Haus später, obwohl ihr Dumas Mutter die Haustür zur üblichen Zeit öffnete. Sie kam immer in derselben Minute an der üblichen Stelle an wie ihr Herrchen.

DIE KATZE UND DER TOD

Katzen werden mit dem Tod in Verbindung gebracht, weil sie Hekate symbolisieren, die Göttin des Todes und der Unterwelt. Häufig werden sie auch als Vorzeichen des Todes angesehen. In Deutschland gab es einen Aberglauben, demzufolge ein Mensch, der zwei kämpfende Katzen sah, nicht mehr lange zu leben hatte. Nach dieser Auffassung verkörperten die beiden Katzen das Gute (einen Engel) und das Böse (den Teufel). Die beiden rangen um die Seele des Menschen. Wenn eine Katze das Haus eines Sterbenden verließ, nahm man an, daß der Tod nicht mehr lange auf sich warten lasse. Starb eine Katze, wurde sie sofort aus dem Haus entfernt aus Furcht, daß der Tod noch jemand anderen mitnehmen wollte.

Es gibt mehrere Berichte von Menschen, denen kurz vor dem Tod einer ihnen nahestehenden Person eine Katze erschien. Im Jahre 1890 sah eine junge Frau, die aus dem Zimmer ihres kranken Großvaters kam, eine fremde Katze. Sie folgte ihr in einen Raum, der keinen weiteren Ausgang hatte – doch die Katze blieb verschwunden. Am folgenden Tag starb der alte Herr. Ihre Mutter hatte zuvor dasselbe beim Tod ihres Ehemannes erlebt.

DER EINFLUSS DES MONDES

In okkulten Texten des Mittelalters wird die Erde als Mittelpunkt der Welt angesehen. Sie war umgeben von einer Reihe konzentrischer Sphären. Bei Geburt oder Tod mußte, um andere Sphären und Planeten und schließlich den Himmel zu erreichen, die Mondsphäre durchquert werden. Oft wurde die Mondsphäre als Ort des Fegefeuers angenommen, das durchquert werden mußte, um schließlich in den Himmel zu kommen. Babies, die noch geboren werden sollten, konnten es ohne Mühe durchqueren, aber die Seelen der Verstorbenen begegneten dort Dämonen, bevor sie weiterziehen konnten. Die mystische Verbindung von Mond, Katzen und Dämonen mag zur späteren Verknüpfung der Katzen mit den Hexen und dem Bösen allgemein beigetragen haben. Jedenfalls liegt hier bis heute der stärkste Symbolgehalt der Katze verborgen.

Nur die Katze weiß,
wie sie satt wird, ohne zu arbeiten,
wie sie Schutz findet, ohne in Gefangenschaft zu geraten,
wie sie Liebe bekommt und nicht enttäuscht wird.

Walter Lionel George (1882-1926)